COLLECTION DE LAFAULOTTE

# OBJETS D'ART

DE CURIOSITÉ ET D'AMEUBLEMENT

TAPISSERIES — TABLEAUX

VENTE, HOTEL DROUOT, SALLE N° 8

**Les 5, 6, 7, 8, 9, 10, 12 et 13 Avril 1886, à 2 heures**

| Me PAUL CHEVALLIER | M. CHARLES MANNHEIM |
| --- | --- |
| COMMISSAIRE-PRISEUR | EXPERT |
| 10, rue de la Grange-Batelière. | rue Saint-Georges, 7. |

## RÉSUMÉ DU CATALOGUE

### ÉMAUX CHAMPLEVÉS

1 — Châsse du XIIIe siècle, décorée de plaques de cuivre champlevé et émaillé.

2 — Flambeau en cuivre champlevé et émaillé.

### ÉMAUX DE LIMOGES

3 — Plaque attribuée à *Nardon Pénicaud*, représentant le Christ.

4 — Plaque cintrée attribuée au même artiste, représentant la Vierge.

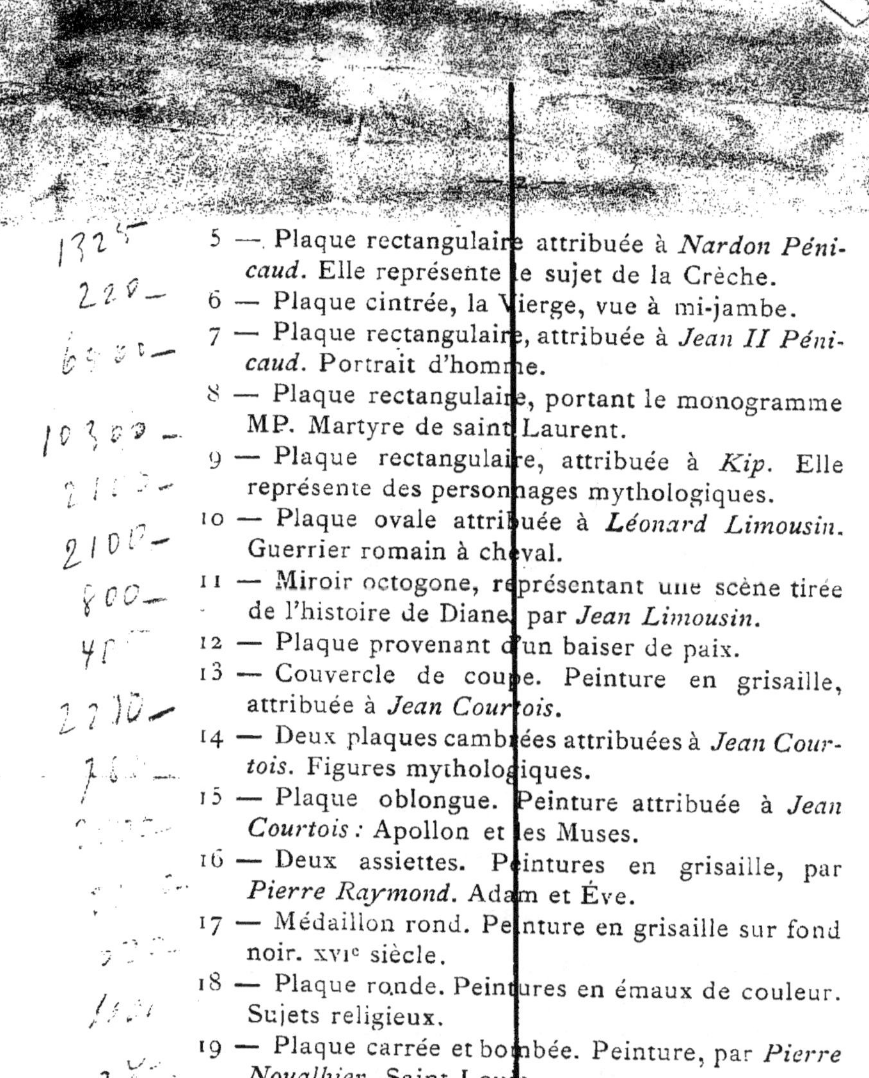

5 — Plaque rectangulaire attribuée à *Nardon Pénicaud*. Elle représente le sujet de la Crèche.

6 — Plaque cintrée, la Vierge, vue à mi-jambe.

7 — Plaque rectangulaire, attribuée à *Jean II Pénicaud*. Portrait d'homme.

8 — Plaque rectangulaire, portant le monogramme MP. Martyre de saint Laurent.

9 — Plaque rectangulaire, attribuée à *Kip*. Elle représente des personnages mythologiques.

10 — Plaque ovale attribuée à *Léonard Limousin*. Guerrier romain à cheval.

11 — Miroir octogone, représentant une scène tirée de l'histoire de Diane, par *Jean Limousin*.

12 — Plaque provenant d'un baiser de paix.

13 — Couvercle de coupe. Peinture en grisaille, attribuée à *Jean Courtois*.

14 — Deux plaques cambrées attribuées à *Jean Courtois*. Figures mythologiques.

15 — Plaque oblongue. Peinture attribuée à *Jean Courtois* : Apollon et les Muses.

16 — Deux assiettes. Peintures en grisaille, par *Pierre Raymond*. Adam et Ève.

17 — Médaillon rond. Peinture en grisaille sur fond noir. XVIe siècle.

18 — Plaque ronde. Peintures en émaux de couleur. Sujets religieux.

19 — Plaque carrée et bombée. Peinture, par *Pierre Noualhier*. Saint Louis.

## ÉMAUX VÉNITIENS

20 — Petit bassin, avec pied, ombilic et tronçon en émail de Venise.

21 — Buire à panse sphérique, anse en S, en ancien émail de Venise.

## FAIENCES ITALIENNES

22 — Gubbio. Plat à reflets métalliques, par Maestro Giorgio.

23 — Gubbio. Buire formée d'un dauphin renversé.

24 — Pesaro. Plat à reflets métalliques.

25 — Deruta. Coupe ronde.

26 — Deruta. Plat rond à reflets métalliques.

27 — Deruta. Coupe à reflets mordorés.

28 — Faïence siculo-arabe. Cornet à fond bleu.

29 — Faïence siculo-arabe. Cornet analogue.

30 — Caffagiollo. Plat à décor polychrome.

31 — Faenza. Plat rond représentant un amour.

32 — Faenza. Coupe représentant saint Georges terrassant le dragon.

33 — Urbino. Buire à panse ovoïde.

34 — Urbino. Buire en forme de balustre.

35 — Urbino. Plat rond : scène de repas sur une place publique à Rome.

36 — Urbino. Plat rond représentant une scène de l'histoire de Jupiter.

37 — Urbino. Coupe décorée d'un buste de femme.

38 — Urbino. Plat représentant une femme tenant un croissant.

39 — Urbino. Couvercle de coupe d'accouchée.

40 — Urbino. Coupe décorée d'un buste d'homme.

41 — Urbino. Coupe décorée d'une figure d'amour.

42 — Urbino. Coupe ronde : Actéon changé en cerf.

43 — Urbino. Coupe ronde avec armoiries.

44 — Urbino. Plat rond : Guerrier debout.

45 — Urbino. Plat représentant David vainqueur de Goliath. xvie siècle.
46 — Urbino. Plat représentant une scène tirée de l'histoire de Proserpine. xviie siècle.
47 — Urbino. Fond de plat : Horatius Coclès.
48 — Urbino. Coupe représentant l'Enlèvement d'Europe.
49 — Urbino. Plat rond représentant une martyre.
50 — Urbino. Plat décoré d'un paysage.
51 — Urbino. Plat rond à décor polychrome.
52 — Urbino. Fond de plat : Samson combattant les Philistins.
53 — Urbino. Grand plat : Persée et Andromède.
54 — Faïence italienne. Deux vases balustres.
55 — Faïence italienne. Coupe ronde sur pied bas.
56 — Faïence italienne. Petit buste de saint Jean.
57 — Faïence italienne. Petite console-applique.
58 — Faïence italienne. Plat à décor bleu et jaune.
59 — Terre italienne. Vase à double goulot.
60 — Faïence italienne. Deux vases balustres.
61 — Faïence italienne. Cafetière forme balustre.
62 — Trévise. Plat, à sujet de bacchanale.
63 — Milan. Assiette à décor de style japonais.
64 — Castelli. Plateau à figures champêtres.

## FAIENCES HISPANO-MORESQUES

65 — Vase ovoïde, à décor à reflets métalliques.
66 — Vase analogue, mais plus petit.
67 — Plat rond, à décor à reflets métalliques.
68 — Plat rond, à décor à reflets mordorés.
69 — Plat à reflets métalliques rouges cuivreux.
70 — Faïence d'Alcora. Support ou pièce de surtout.

## FAIENCES DE PERSE

71 — Plat décoré de larges fleurs.
72 — Plat décoré de branches de tulipes.
73 — Plat rond, décoré de branches de fleurs variées.
74 — Broc décoré de tulipes.
75 — Broc décoré d'imbrications vertes et bleues.
76 — Pot cylindrique en faïence de Rhodes.
77 — Coupe décorée de fleurs arabesques.
78 — Chope cylindrique à une anse plate.
79 — Tasse sans anses.
80 — Soucoupe trembleuse.
81 — Tasse décorée de branches de fleurs.
82 — Petit vase à décor à reflets métalliques.
83 — Petit vase à reflets métalliques cuivreux.
84 — Coupe décorée de feuillages et d'ornements.
85 — Tasse à décor en camaïeu noir, accompagnée d'un porte-tasse en argent émaillé.
86 — Tasse décorée d'arbustes à reflets cuivreux.
87 — Tasse émaillée bleu clair.
88 — Boîte en forme de fruit.

## FAIENCES DE DELFT

89 — Poussah fumant.
90 — Pot cylindrique, marqué en rouge A. P. K.
91 — Assiette à décor de style japonais.
92 — Plateau rond, de style chinois.
93 — Plat rond à décor de style japonais.
94 — Assiette à décor de style japonais.
95 — Deux cornets, décor bleu à compartiments.
96 — Deux cavaliers passant.
97 — Faïence de Bruxelles (?) Courge émaillée.

## FAIENCE DE BERNARD PALISSY

98 — Plat rond, exécuté sur l'un des modèles en étain de *François Briot.*

99 — Panse de buire décorée de figures en bas-relief.

100 — Coupe ronde, décorée d'un bas-relief émaillé.

101 — Coupe ronde découpée à jour.

## FAIENCES FRANÇAISES DIVERSES

102 — Nevers. Deux vases à décor de style italien.

103 — Nevers. Deux vases à fond bleu de Perse.

104 — Nevers. Gourde à décor de style chinois.

105 — Nevers. Gourde à décor bleu.

106 — Nevers. Deux vases à décor polychrome.

107 — Rouen. Console-applique avec plateau.

108 — Rouen. Seau à deux anses, décor polychrome.

109 — Rouen. Flambeau à fond bleu.

110 — Sinceny. Plat à décor polychrome.

111 — Moustiers. Grand plat rond à décor bleu.

112 — Moustiers. Vase porte-fleurs.

113 — Moustiers. Deux cache-pots.

114 — Moustiers. Pot à surprise marqué J. et R.

115 — Marseille. Pot à décor polychrome.

116 — Faïence du Midi. Pot à surprise.

117 — Faïence du Midi. Assiette à décor polychrome.

118 — Niderviller. Assiette à décor polychrome.

119 — Niderviller (?). Deux vases en faïence blanche.

120 — Faïence de Lorraine. Jardinière à décor polychrome.

121 — Faïence de Lorraine. Deux vases, décor polychrome à fleurs.

122 — Strasbourg. Vase décoré de fleurs.

## VERRERIE DE VENISE

123 — Verre à boire en verre bleu.
124 — Buire en verre filigrané d'émail blanc.
125 — Buire en verre incolore. XVIe siècle.
126 — Vase à panse en verre vert. XVIe siècle.
127 — Buire à anse en verre incolore. XVIe siècle.
128 — Flambeau en verre incolore. XVIe siècle.
129 — Verre à boire à coupe hémisphérique.
130 — Coupe en verre incolore. XVIe siècle.
131 — Vase en verre agatisé. XVIe siècle.
132 — Coupe en verre bleu. XVIe siècle.
133 — Tasse en verre bleu à côtes.
134 — Gobelet en verre incolore. XVIe siècle.
135 — Deux gobelets en verre opalin de Venise.
136 — Verre à boire en verre incolore. XVIe siècle.
137 — Verre à boire en verre incolore. XVIe siècle.
138 — Deux vases en verre brun. XVIe siècle.
139 — Vase analogue, mais plus petit.
140 — Verre à champagne en verre incolore.
141 — Verre de forme analogue. XVIe siècle.
142 — Verre en forme de cornet, en verre incolore.
143 — Verre à boire en verre incolore. XVIe siècle.
144 — Coupe ronde en verre incolore. XVIe siècle.
145 — Coupe ronde en verre incolore. XVIe siècle.
146 — Verre à boire en verre violet. XVIe siècle.
147 — Verre à boire en verre bleu repoussé.
148 — Flacon en verre opale, monté en argent.
149 — Coupe basse, en verre incolore. XVIe siècle.
150 — Bougeoir forme dauphin, en verre opale.
151 — Flacon sphérique, en verre blanc. XVIIe siècle.
152 — Flacon en verre bleu. XVIe siècle.

153 — Statuette d'homme, en verre blanc opaque.
154 — Vide-poche en verre bleu opaque. XVII^e siècle.
155 — Flacon balustre, à couvercle en verre blanc.
156 — Verre à boire opale à côtes en spirale.
157 — Verre à boire en verre opale de Venise.

## VERRERIE ALLEMANDE, ETC.

158 — Verre à pans et à couvercle. XVII^e siècle.
159 — Carafe en verre incolore, garnie en argent.
160 — Verre incolore formé d'un oiseau fantastique.
161 — Deux flambeaux bas en verre doré.
162 — Flacon en verre rubis. Allemagne. XVII^e siècle.
163 — Verre allemand. Travail moderne.
164 — Deux flacons en verre bleu. Travail persan.
165 — Flacon cylindrique en verre incolore. France.

## VITRAUX

166 — Quatre panneaux de croisées comprenant seize vitraux des XVI^e et XVII^e siècles. (Ce lot pourra être divisé.)
167 — Vitrail en camaïeu jaune. Suisse. XVI^e siècle.
168 — Vitrail rond peint en couleurs.
169 — Six petits vitraux des XVI^e et XVII^e siècles.

## SCULPTURES EN IVOIRE

170 — Haut-relief : le Lavement des pieds.
171 — Bas-relief : le Christ sortant du sépulcre.
172 — Fourreau de poignard sculpté en bas-relief.
173 — Haut-relief représentant des musiciens.
174 — Statuette : Enfant Jésus.
175 — Cippe en bas-relief attribué à François le Flamand.

176 — Bas-relief rectangulaire attribué au même.
177 — Crucifix Louis XIV, encadré.
178 — Anse de vase en S.
179 — Crucifix du xviie siècle, monté sur une croix en bois noir.
180 — Buste de Cérès du temps de Louis XIV.
181 — Statuette de négresse debout.
182 — Tête humaine, chevelure frisée. xviie siècle.
183 — Dessus de drageoir sculpté en bas-relief.
184 — Bas-relief Louis XV : une Souveraine.
185 — Bas-relief : Jeune Femme vue à mi-corps.
186 — Bas-relief sans fond : Tête de Mars.

## SCULPTURES EN BOIS

187 — Chêne. Groupe de deux saints personnages. Flandre. xve siècle.
188 — Buis. Cuiller et fourchette. France. xvie siècle.
189 — Buis. Statuette : Vulcain assis. France, xvie s.
190 — Buis. Enfant nu. Travail flamand. xvie siècle.
191 — Buis. Enfant nu. Travail flamand. xviie siècle.
192 — Bois. Coffret oblong. xvie siècle.
193 — Buis. Buste-applique de femme.
194 — Bois. Pièce d'échiquier. Allemagne. xvie siècle.
195 — Ébène. Bas-relief, bacchanale. xviie siècle.
196 — Bois doré. Fourneau de pipe. Italie. xviiie siècle.

## SCULPTURES DIVERSES

197 — Marbre blanc. Fragment de vase antique.
198 — Marbre blanc. Bas-relief représentant un ange. France. xve siècle.
199 — Cire peinte. Bas-relief : Buste de femme. Italie. xvie siècle.

200 — Cire blanghe. Bas-relief : Buste de Henri IV et de Marie de Médicis.

201 — Cire blanche. Haut-reliet : Combat de cavaliers. xviie siècle.

202 — Cire peinte. Bas-relief : Groupe champêtre. Italie. xviie siècle.

203 — Cire rouge. Médaillon, buste d'Albert Durer.

204 — Cire rose. Bas-relief: Saint Martin. xviie siècle.

205 — Terre cuite. Petit groupe de trois enfants.

206 — Terre cuite. Bas-relief, Sainte Famille. xviiie siècle.

207 — Marbre blanc. Médaillon, buste de Le Prince.

208 — Terre cuite. — Bas-relief attribué à *Clodion*. Femme satyre.

209 — Cire rosée. Deux bas-reliefs sur fond d'ardoise.

## PORPHYRES, GRANITS, ETC.

210 — Porphyre rouge oriental. Deux vases Louis XVI, montures en bronze ciselé et doré.

211 — Porphyre rouge oriental. Vasque en forme de baignoire.

212 — Porphyre rouge oriental. Vase hémisphérique.

213 — Granit gris. Deux vases, anses en bronze doré sur socles carrés en porphyre rouge oriental.

214 — Porphyre rouge oriental. Socle monté sur tore de laurier en bronze ciselé et doré.

215 — Granit rose oriental. Deux socles avec monture en bronze doré. Époque Louis XVI.

216 — Marbre brèche violacé. Vase du xviiie siècle.

217 — Marbre vert de mer. Deux fûts de colonnes.

## ARMES

218 — Bourguignotte en fer repoussé. XVIe siècle.

219 — Dos de cuirasse en fer gravé. Italie, XVIe siècle.

220 — Crochet de porte-épée en acier ciselé et damasquiné d'or.

221 — Couteau à lame gravée et dorée et manche en fer ciselé.

222 — Garde d'épée Louis XV, en acier ciselé.

223 — Couteau birman, manche en corne sculptée.

## OBJETS EN FER

224 — Fermoir d'escarcelle en acier ciselé en bas-relief. Italie. XVIe siècle.

225 — Plaque en fer repoussé damasquiné d'or.

226 — Lanterne garnie d'ornements en fer forgé.

227 — Boîte décorée de rosaces et de rinceaux en acier poli. Époque Louis XIII.

228 — Marteau de porte en fer. XVIIe siècle.

229 — Deux chenets Louis XIII, en cuivre gravé et incrusté.

230 — Deux chenets de style Louis XIII, en cuivre.

231 — Pelle et pincettes en fer. XVIIe siècle.

232 — Cadenas allemand, en acier bleui.

233 — Tire-bouchon et son étui, en acier ciselé.

## OBJETS EN CUIVRE

234 — Bassin en cuivre jaune. Venise. XVIe siècle.

235 — Médaillon en cuivre repoussé, gravé et doré.

236 — Boîte à miroir, en cuivre repoussé et doré.

237 — Boîte en cuivre gravé. Allemagne. XVIe siècle.

238 — Applique sans fond, en cuivre. XVIe siècle.

239 — Deux cadres Louis XIII, ciselés et dorés.
240 — Figure de guerrier, en cuivre rouge battu.
241 — Plat en cuivre jaune battu du XVIIe siècle.
242 — Chope en cuivre rouge battu. Flandres. XVIIe siècle.
243 — Porte-verre Louis XIII, en cuivre doré.
244 — Garde-cendres en cuivre repoussé. XVIIe siècle.
245 — Théière et son réchaud, en cuivre rouge.
246 — Bol en cuivre rouge.
247 — Deux boîtes en cuivre rouge ciselé. XVIIIe siècle.

## OBJETS EN ÉTAIN

248 — Buire en étain, attribuée à *François Briot*.
249 — Grand plat rond en étain, œuvre d'*Enderlein*.

## OBJETS VARIÉS

250 — Pied de calice en cuivre repoussé et doré. Italie. XVe siècle.
251 — Peinture sur verre. Italie. XVIe siècle.
252 — Mandoline laquée noir. XVIIIe siècle.
253 — Pot en grès, monture en cuivre, Louis XIV.
254 — Tonnelet en grès gris de Flandres. XVIIe siècle.
255 — Plaque ovale en nacre gravée.
256 — Brosse à dessus en marqueterie.

## Livres à figures.

257 — Le Sacre de Louis XV. Grand in-folio.
258 — Le Sacre de S. M. l'Empereur Napoléon.

## Coffrets et boîtes.

259 — Os. Coffret vénitien du XIVe siècle.

260 — Coffret à fond de velours garni d'appliques en cuivre doré.
261 — Coffret en fer. Allemagne. XVI^e siècle.
262 — Coffret en cuir noir. France. XVI^e siècle.
263 — Coffret couvert en maroquin rouge. XVI^e siècle.
264 — Coffret en écaille. France. Époque Louis XIII.
265 — Coffret Louis XIV, en marqueterie de cuivre.
266 — Coffret de travail analogue.
267 — Coffret en marqueterie de cuivre et écaille.
268 — Coffret en marqueterie de cuivre et étain.
269 — Coffret laqué à fond noir. Italie, XVII^e siècle.
270 — Boîte en marqueterie de bois. Hollande, XVIII^e siècle.
271 — Boîte ronde en écaille. XVII^e siècle.

## ANTIQUITÉS

272 — Verre violet. Œnochoé.
273 — Verre incolore irisé. Coupe hémisphérique.
274 — Terre de la Basilicate. Œnochoé à décor rouge sur fond noir.
275 — Bronze. Statuette de mime debout.
276 — Porphyre rouge oriental. Lacrymatoire.
277 — Trois scarabées égyptiens en émail.

## MÉDAILLES

278 — Argent doré. Buste de Charles-Quint.
279 — Bronze : Buste de Catherine de Médicis.
280 — Bronze par *G. Dupré* : Henri IV et Marie de Médicis.
281 — Argent. Buste d'Anne d'Autriche.
282 — Médaillon rond en bronze : Buste de Louis XV.
283 — Plaquette en bronze : Scène de chasse au lion.

## CAMÉES

284 — Agate à deux couches : Buste de jeune homme.

285 — Sardonyx : l'Aurore dans son char.

286 — Sardoine orientale. (Intaille.) Groupe de deux figures, monture en or.

287 — Onyx à deux couches : Diane assise. Monté en bague d'or.

288 — Sardonyx à deux couches : Vénus et Pâris. Monté en bague.

289 — Pâte de verre : Tête de Méduse. Antique.

290 — Pâte de verre : l'Aurore dans son char. Antique.

291 — Grenat : la Vierge et l'Enfant Jésus. XVI^e siècle.

292 — Agate blanchâtre : Bustes de Henri II et de Diane de Poitiers. XVI^e siècle.

293 — COQUILLE. Camée octogone du XVI^e siècle : La Crèche.

294 — COQUILLE. Camée sans fond : Buste de femme.

295 — Trois camées ovales : Rondes de nymphes ; Apollon et les Muses, scène mythologique.

296 — COQUILLE. Figures mythologiques.

## BIJOUX

297 — Agrafe de chape en cuivre doré. France. XIV^e siècle.

298 — Bague gothique en or, avec cabochon saphir.

299 — Pendentif en forme de gland. XVI^e siècle.

300 — Médaillon en or repoussé et émaillé : Jupiter, Vénus et l'Amour.

301 — Bijou en sardoine orientale et bas-reliefs en or émaillé. XVI^e siècle.

302 — Plaque en or rehaussé d'émail vert et noir.

303 — Enseigne de chapeau en or repoussé et émaillé, cavalier attaquant un lion. Italie, XVIe siècle.
304 — Bijou de col du XVIe siècle.
305 — Pendentif en or ciselé et émaillé : Christ en croix. France, XVIe siècle.
306 — Bijou en or émaillé : Madeleine. XVIe siècle.
307 — Médaillon ovale en or ciselé et émaillé : Enfant Jésus bénissant.
308 — Pendentif en or ciselé et émaillé enrichi d'émeraudes. XVIe siècle.
309 — Plaque en verre églomisé : la Mise au tombeau ; cadre en argent doré. Italie, XVIe siècle.
310 — Médaillon, décoré de deux peintures églomisées sur cristal de roche. XVIe siècle.
311 — Bague en or émaillé.
312 — Bague d'or ciselé et émaillé, avec chaton orné d'une émeraude et d'un rubis.
313 — Bague en cuivre doré, chaton orné d'un grenat cabochon. Italie, XVIe siècle.
314 — Nielle sur argent, ronde bacchique.
315 — Quatre nielles sur argent. XVIe siècle.
316 — Manche de couteau en argent. XVIe siècle.
317 — Cassolette Louis XIII, en or émaillé.
318 — Bijou Louis XIII, peinture sur émail, portrait d'homme.
319 — Cassolette Louis XIII, en or émaillé.
320 — Bijou Louis XIII, buste de négresse en or.
321 — Bijou de col Louis XIII, en argent, grenats et roses.
322 — Médaillon en or émaillé. Époque Louis XIII.
323 — Croix de col en cristal de roche. XVIIe siècle.
324 — Cadre Louis XIII, attache en filigrane d'argent.

325 — Médaillon en or émaillé sur ses deux faces.
326 — Porte-ciseaux Louis XIV, en cuivre doré.
327 — Pendentif, tête de femme gravée sur jacinthe, montée en or.
328 — Étui Louis XV, en or gravé et émaillé.
329 — Étui à cire Louis XV, en or repoussé.
330 — Bracelet indien du XVIII^e siècle, en or ciselé.
331 — Trois médaillons en or repoussé. Travail japonais.
332 — Cachet en argent ciselé. Époque Louis XV.
333 — Cuiller à long manche. XVII^e siècle.
334 — Flacon en argent gravé et doré. XVII^e siècle.
335 — Étui à cire Louis XIV, en argent.
336 — Tire-bouchon en argent, avec étui. XVIII^e siècle.
337 — Médaillon en argent. XVII^e siècle.
338 — Affiquet en argent. XVII^e siècle.
339 — Couteau à lame d'argent et manche d'écaille.
340 — Flacon en cristal taillé, avec bouchon d'argent doré.
341 — Étui-nécessaire, Louis XV, en argent et peau de chagrin.
342 — Étui Louis XV, en argent repoussé.
343 — Étui, laqué et burgauté, garni de galons d'or.
344 — Couteau pliant, Louis XV, à manche en or.
345 — Couteau pliant, à manche en nacre et or. Époque Louis XV.
346 — Deux couteaux à dessert, Louis XVI.
347 — Étui du temps de Louis XVI, en or émaillé.
348 — Étui en or.
349 — Monocle Louis XVI, en or de couleur ciselé.
350 — Étui à pans en or, du temps de Louis XVI.
351 — Porte-tablettes Louis XVI, en ivoire, monté en or.

352 — Flacon de gant avec bague et chaînettes en or.
353 — Poinçon à manche de jaspe et fourreau en cuivre.
354 — Pendentif en argent ciselé et doré.
355 — Épingle de cravate du temps de Louis XVI.
356 — Broche formée d'une plaque en acier ciselé, sur fond d'or. Époque Louis XVI.
357 — Broche en biscuit de Sèvres.
358 — Cassolette en porcelaine d'Allemagne.
359 — Long manche en écaille. XVIII^e siècle.
360 — Médaillon écaille, rehaussé de dorure. Époque Louis XVI.
361 — Deux boutons de souliers Louis XVI, en acier poli et strass.
362 — Quarante-six boutons d'acier taillé et poli, du temps de Louis XVI.
363 — Vingt-six grands et dix-buit petits boutons en cuivre émaillé.
364 — Vingt-six grands boutons en cuivre émaillé.
365 — Vingt-sept grands et dix-huit petits boutons en cristal de roche.
366 — Quatre loupes dont une garnie en nacre et une en écaille.
367 — Cadre de médaillon ovale. XVIII^e siècle.
368 — Petit cadre ovale. XVIII^e siècle.
369 — Deux petits médaillons ornés de turquoises et de grenats. Montures en or.

## MONTRES

### DES XVI^e, XVII^e ET XVIII^e SIÈCLES.

370 — Montre en cuivre gravé et doré du XVI^e siècle.
371 — Horloge allemande en cuivre gravé et doré.

372 — Montre de voyage, Louis XIII, en acier ciselé, gravé et découpé, signée *Du Four à Blois*.
373 — Boîtier de montre en argent. Louis XIII.
374 — Montre Louis XVI, en or émaillé, par les frères *Huant*.
375 — Montre Louis XVI, en or guilloché et émaillé.
376 — Montre Louis XVI, pourtour en or gravé.
377 — Montre à répétition et à triple boîtier en or.
378 — Montre de dame Louis XVI, en or guilloché
379 — Montre d'homme Louis XVI, en or ciselé.
380 — Montre de voyage Louis XVI, en maroquin.

## MATIÈRES PRÉCIEUSES

381 — Cristal de roche. Plaque gravée en intaille.
382 — Cristal de roche. Plaque gravée en intaille représentant la Charité.
383 — Cristal de roche. Vase garni en or ciselé.
384 — Cristal de roche. Statuette. L'Enfant Jésus.
385 — Cristal de roche. Béquille de canne. Léda.
386 — Cristal de roche. Vase garni de deux anses. Époque Louis XIII.
387 — Cristal de roche. Deux flacons garnis d'une monture en argent. xviii$^{e}$ siècle.
388 — Cristal de roche. Petite coupe.
389 — Cristal de roche. Coupe ronde, monture en argent doré.
390 — Cristal de roche. Manche de couteau garni d'une douille en argent.
391 — Cristal de roche. Deux vases pour lustres.
392 — Sardonyx orientale. Pulvérin lenticulaire.
393 — Agate orientale rosée. Cuiller. xvi$^{e}$ siècle.
394 — Agate jaspée grisatre. Salière. xvi$^{e}$ siècle.

395 — AGATE ORIENTALE. Coupe montée en or émaillé.
396 — JASPE AGATE GRISATRE. Petite coupe. XVIe siècle.
397 — JASPE HÉLIOTROPE. Cuiller. XVIe siècle.
398 — JADE BLANC VERDATRE. Fond de boîte octogone. Travail indien.
399 — JADE BLANC VERDATRE. Agrafe de ceinturon. Travail chinois.
400 — JADE BLANC VERDATRE. Boîte divisée à l'intérieur en quatre compartiments. Travail indien.
401 — JADE BLANC GRISATRE. Petit groupe chinois.
402 — JADE VERDATRE. Petite coupe. Travail indien.
403 — LAPIS-LAZULI. Petit vase. Travail chinois.
404 — SARDONYX ORIENTALE. Coupe forme de coquille.
405 — LAPIS-LAZULI. Amulette composée de deux dragons.
406 — MALACHITE. Coupe avec grenouille prise dans le bloc. Travail chinois.
407 — SUCRIER en ambre. Ancien travail chinois.
408 — PIERRE DE LARD. Deux pièces : flacon à figure de femme et main de Fô en pierre blanche.

## TABATIÈRES ET BONBONNIÈRES

409 — Boîte en vernis Martin : sujets champêtres.
410 — Boîte en vernis Martin : jeux d'amours.
411 — Bonbonnière Louis XV, en écaille de l'Inde.
412 — Boîte à deux tabacs en écaille montée en or.
413 — Boîte en sardonyx orientale. Époque Louis XV.
414 — Boîte doublée en argent, garnie de six plaques du temps de Louis XV, en acier ciselé.
415 — Boîte Louis XVI, en or de couleur.
416 — Boîte Louis XVI, en or ciselé et médaillon.

417 — Boîte en nacre de perle, montée en argent.
418 — Bonbonnière Louis XVI, en écaille blonde.
419 — Drageoir en argent doré. xviie siècle.
420 — Boîte en écaille. xviiie siècle.
421 — Drageoir en argent du temps de la Régence.
422 — Boîte en argent gravé, doré et niellé de Toula.
423 — Drageoir Louis XV, en argent gravé.
424 — Boîte, forme fleur, en porcelaine de Saxe.
425 — Boîte en argent, et plaque d'émail.
426 — Boîte en cuivre laqué noir, et incrustations d'or et d'argent. Époque Louis XV.
427 — Boîte en nacre gravé et doré. Louis XV.
428 — Boîte en porphyre et mosaïque de Rome.

## MINIATURES ET ÉMAUX

429 — Miniature sur vélin : Personnage écrivant.
430 — Miniature à l'huile du xvie siècle. Portrait d'Antoine Martinengo.
431 — Miniature sur vélin du xvie siècle. Portrait d'un personnage et portrait de femme.
432 — Portrait de Louis XIV sur émail, attribué à *Petitot*.
433 — Miniature sur ivoire. Portrait de femme.
434 — Pierre le Grand sur émail, par *Weyler*.
435 — Médaillon en vernis Martin. Scène champêtre.
436 — Grisaille attribuée à Klingstet. Colombine surprise par Pierrot.
437 — Miniature sur vélin. Deux amours voltigeant.
438 — Miniature sur ivoire. Portrait de femme.
439 — Portrait de femme sur ivoire, par *Augustin*.
440 — Miniature sur ivoire par *Parant*. Portrait.
441 — Paul Delaroche. Dessin au crayon. Portrait.
442 — Médaillon rond en Brunswick.

# TABLEAUX

443 — BOILLY. *Scène d'intérieur.*
444 — CHARLET. *Le Retour du vieux militaire.*
445 — GREUZE. *Portrait de M. de Calonne.*
446 — MOLENAER. *Scène d'intérieur.*
447 — NANTEUIL. *Portrait d'homme.* Dessin.
448 — NATTIER (Attribué à). *Portrait de femme.*
449 — RIVELLUS. *Portrait de femme.*
450 — SNEYDERS. *Combat de chiens et de loups.*
451 — TROOST. *Hercule aux pieds d'Omphale.*
452 — ÉCOLE ALLEMANDE. *Saint personnage.*
453 — ÉCOLE ALLEMANDE. *L'Annonciation.*
454 — ÉCOLE FRANÇAISE. *Portrait de femme.*
455 — ÉCOLE FRANÇAISE. *Portrait de femme.*
456 — ÉCOLE FRANÇAISE. *Portrait de femme.*
457 — ÉCOLE FRANÇAISE. Deux panneaux de voitures du temps de Louis XIV.
458 — ÉCOLE FRANÇAISE. *Jeune femme.*
459 — ÉCOLE ITALIENNE. *Saint Paul prêchant.*
460 — ÉCOLE ITALIENNE. *Hérodiade.*

## ORFÈVRERIE D'OR

461 — Verre à boire en or ciselé et doré, p· · *Vechte.*

## ORFÈVRERIE

### DES XVI^e^ ET XVII^e^ SIÈCLES

462 — Statuette en argent. Le roi David. XVI^e^ siècle.
463 — Vase à boire en argent repoussé, ciselé et doré.
464 — Monture de coupe en argent ciselé et doré.
465 — Deux manches de couteaux en argent.

466 — Ceinture de femme, composée de dix-neuf maillons, en argent ciselé et découpé à jour.
467 — Buire en cuivre repoussé. XVIIe siècle.

## ORFÈVRERIE

### DES ÉPOQUES LOUIS XV, LOUIS XVI ET AUTRES

468 — Soupière du temps de Louis XV, en argent ciselé et gravé. Exécutée par Regnard en 1747.
469 — Sucrier du temps de la Régence, en argent.
470 — Cafetière Louis XV, en argent battu
471 — Cafetière Louis XV, en argent repoussé et ciselé.
472 — Petite cafetière du temps de Louis XV.
473 — Petite cafetière Louis XV, en argent.
474 — Deux flambeaux Louis XV, en argent ciselé.
475 — Théière à côtes en spirale, en argent.
476 — Cafetière en argent battu à côtes en spirale.
477 — Deux salières, en argent ciselé et découpé à jour. Époque Louis XV.
478 — Porte-huilier Louis XVI, en argent.
479 — Moutardier Louis XVI, en argent estampé.
480 — Deux flambeaux Louis XV, en argent.
481 — Salière du temps de Louis XV, en argent.
482 — Salière Louis XVI en argent estampé.
483 — Petit plateau rond en argent, Louis XV.
484 — Cafetière en argent. Travail hollandais.
485 — Trois corbeilles en argent en deux dimensions.
486 — Deux réchauds en argent repoussé.
487 — Réchaud en forme de couronne, en argent.
488 — Gobelet en vermeil. XVIIIe siècle.
489 — Corbeille à pain en argent battu à côtes.

490 — Sucrier ovale, en argent repoussé. XVIIIe siècle.
491 — Sucrier en argent repoussé. XVIIIe siècle.
492 — Sucrier en argent repoussé. XVIIIe siècle.
493 — Sucrier à quatre pieds et à couvercle en argent repoussé. XVIIIe siècle.
494 — Pot à crème en vermeil. Travail anglais.
495 — Pot à crème en argent repoussé.
496 — Sucrier en argent gravé, ciselé et découpé.
497 — Cafetière et pot à crème, en vermeil.
498 — Plateau en vermeil. Époque de l'Empire.
499 — Plateau à deux anses, en argent.
500 — Cafetière en argent, de style Louis XV.
501 — Service à thé de style Louis XV, en argent.
502 — Cinq étiquettes à vin en argent ciselé.
503 — Deux flacons garnis de montures en argent.

## CUIVRE ARGENTÉ

504 — Surtout de table Louis XV, en cuivre argenté.
505 — Deux girandoles du temps de Louis XV.
506 — Deux flambeaux du temps de Louis XV.
507 — Deux seaux Louis XIV, en cuivre argenté.
508 — Deux bras-appliques du temps de Louis XVI.
509 — Jardinière Louis XIV, en cuivre argenté.
510 — Deux petits flambeaux du temps de Louis XIV.
511 — Deux glaces dans des cadres en cuivre repoussé, ciselé et argenté.
512 — Lustre flamand à vingt-quatre lumières.

## Porcelaines de Sèvres, pâte tendre

### VASES ET DIVERS

1830 — 513 — Jardinière, forme éventail, sur socle mobile.
5800 — 514 — Deux jardinières de même forme. (Lettre B.)

515 — Deux vases en porcelaine de Vincennes, pâte tendre.

516 — Vase porte-fleurs en forme de balustre, ancienne porcelaine tendre de Vincennes.

517 — Seau à lobes, en ancienne porcelaine de Sèvres, pâte tendre (Lettre F.)

518 — Pot à eau et cuvette. Époque Louis XV.

519 — Petit vase en forme de balustre.

520 — Socle en forme de fût de colonne cannelée.

521 — Pot à pommade cylindrique. (Lettre F.)

522 — Plaque en porcelaine de Sèvres, pâte tendre.

523 — Pot à eau, fond gros bleu, signé : *Sèvres.*

524 — Cuvette forme bateau. (Le Guay, doreur.)

525 — Fort lot de fleurs en porcelaine de Sèvres et de Saxe.

526 — Pot cylindrique. (Lettre G.)

527 — Statuette de jardinière debout.

528 — Deux statuettes : Jeune villageoise et jeune garçon. Époque Louis XV.

## Plateaux, écuelles et pièces de services

529 — Écuelle ronde, couvercle avec citron.

530 — Plateau oblong, décor en camaïeu carmin.

531 — Plateau décoré en camaïeu carmin. (Lettre A.)

532 — Petit plateau oblong à contours. (Lettre G.)

533 — Plateau carré à riche décor d'or.

534 — Salière décorée de bouquets de fleurs.

535 — Petit sucrier à couvercle, formé d'une fleur.

536 — Sucrier Louis XV, fond bleu de Vincennes.

537 — Sucrier analogue. (Lettre C.)

538 — Écuelle ronde à deux anses. (Lettre D.)

539 — Sucrier à bandes gros bleu. Lettre E.

540 — Écuelle à couvercle avec une grenade.
541 — Écuelle ronde avec couvercle et plateau.
542 — Cabaret solitaire, fond gros bleu. (Lettre F.)
543 — Flacon à thé, pâte tendre.
544 — Compotier décoré d'attributs de musique.
545 — Coupe à fruits cylindrique sur trois pieds bas.
546 — Deux assiettes, pâte tendre, à décor d'or.

## Tasses.

547 — Tasse et soucoupe, fond bleu de Vincennes.
548 — Grande tasse et soucoupe, fond bleu de Vincennes.
549 — Tasse haute, avec soucoupe accompagnée d'un plateau-présentoir et d'un sucrier. (Lettre A.)
550 — Tasse avec soucoupe, fond gros bleu. (Lettre C.)
551 — Tasse avec couvercle et soucoupe. (Lettre D.)
552 — Petite tasse avec soucoupe. (Lettre E.)
553 — Tasse à bandes bleu turquoise.
554 — Tasse avec couvercle et soucoupe, fond bleu de Vincennes. (Lettre F.)
555 — Tasse à fond bleu turquoise. (Lettre H.)
556 — Tasse décorée de figures d'Amours. (Lettre K.)
557 — Tasse avec soucoupe, fond bleu. (Lettre G.)
558 — Grande tasse, décorée en camaïeu carmin.
559 — Tasse avec soucoupe, fond vert. (Lettre I.)
560 — Tasse cylindrique à fond bleu turquoise.
561 — Petite tasse cylindrique. (Lettre K.)
562 — Tasse décorée d'un Amour en camaïeu carmin. (Lettre L.)
563 — Tasse, décorée en camaïeu carmin. (Lettre B.)
564 — Tasse forme litron, fond bleu turquoise.
565 — Pot à crème à une anse. (Lettre N.)

***

566 — Petite tasse avec soucoupe, fond vert. (Lettre P.)
567 — Tasse cylindrique avec soucoupe. (Lettre Q.)
568 — Tasse, fond vert à œils de perdrix. (Lettre Q.)
569 — Tasse avec soucoupe, à rubans bleu turquoise avec œils de perdrix. (Lettre R.)
570 — Tasse avec soucoupe, à médaillons d'oiseaux. (Lettre T.)
571 — Tasse mignonnette avec soucoupe. (Lettre U.)
572 — Tasse cylindrique, fond gros bleu. (Lettre X.)
573 — Soucoupe décorée de roses et de myosotis. (Lettres DD.)
574 — Tasse avec soucoupe à fond rose. (Lettre Y.)
575 — Tasse à une anse, avec soucoupe. (Lettre Z.)
576 — Tasse décorée d'un médaillon marine.
577 — Tasse décorée de papillons. (Lettres BB.)
578 — Tasse trembleuse avec soucoupe, à bandes gris-bleuté. (Lettres DD.)
579 — Tasse avec soucoupe, fond bleu turquoise.
580 — Tasse cylindrique avec soucoupe. (Lettres GG.)
581 — Tasse avec soucoupe, fond bleu turquoise.
582 — Tasse avec soucoupe, fond bleu turquoise.
583 — Tasse bordée de bleu turquoise à œils de perdrix.

## PORCELAINES DE SÈVRES

### Pâte dure.

584 — Deux coupes fond gros bleu marbré, montées en bronze doré.
585 — Petit vase conique de Sèvres, garni d'une monture Louis XVI, en bronze ciselé et doré.
586 — Tableau sur porcelaine de Sèvres : *la Maîtresse du Titien.*

587 — Tasse avec médaillon, buste de Marie-Antoinette. (Lettre Z.)

588 — Tasse analogue. Buste de Joseph II d'Autriche. (Lettres ZX.)

589 — Grande tasse forme citron, décorée de figures mythologiques. (Lettres HH.)

590 — Deux assiettes, décorées de filets carmin.

591 — Deux petits vases balustres décorés de fleurettes.

592 — Cabaret solitaire.

593 — Assiette sur un pied en bronze doré.

## BISCUITS DE SÈVRES

594 — Groupe de trois figures d'enfants. La Lanterne magique.

595 — Statuette. Figaro accoupi.

596 — Deux bas-reliefs ; paniers de fleurs.

597 — Plaque en forme de navette.

598 — Trois plaques à fond bleu.

## PORCELAINE TENDRE DE CHANTILLY

599 — Poussah accroupi.

600 — Petit vase ovoïde, à décor chinois.

601 — Deux seaux garnis de moulures en cuivre.

602 — Pot décoré de chimères et de dragons.

603 — Pot analogue décoré d'une figure de Chinois.

604 — Vase balustre à deux anses rocaille.

605 — Vase à oignon, décoré d'arbustes et de fleurs.

606 — Seau décoré en camaïeu carmin.

607 — Vase pot-pourri à décor polychrome.

608 — Cache-pot décor à fleurs de style chinois.

609 — Cache-pot moins haut, décor à *l'Écureuil.*

610 — Pot-pourri en forme de fruit.

## PORCELAINES TENDRES DIVERSES

611 — Deux vases balustres, porcelaine tendre de Mennecy.

612 — Grande tasse avec soucoupe, en porcelaine. tendre de Mennecy.

613 — Seau en ancienne porcelaine de Mennecy.

614 — Statuette de jeune garçon, en porcelaine de Mennecy.

615 — Pot à pommade, en porcelaine de Mennecy

616 — Petit vase en porcelaine tendre de Mennecy.

617 — Groupe en porcelaine blanche de Mennecy.

618 — Statuette de Diane, en porcelaine de Mennecy.

619 — Vase potiche, en porcelaine de Mennecy.

620 — Seau en porcelaine de Mennecy. (?)

621 — Pot à une anse en porcelaine de Mennecy.

622 — Pot percé de trous, en porcelaine de Saint-Cloud.

623 — Tasse en porcelaine de Saint-Cloud.

624 — Corbeille conique en porcelaine tendre.

625 — Petit pot cylindrique en porcelaine tendre.

626 — Deux plats en porcelaine de Buen Retiro.

## PORCELAINES DE SAXE

### Groupes et statuettes

627 — Le Char d'Apollon, en porcelaine de Saxe.

628 — L'Automme. Groupe sur socle en bronze.

629 — Fillette tenant un cahier de musique. Statuette.

630 — Deux statuettes de bergères debout.

631 — Deux figurines : Arlequin et Colombine.

632 — Ecritoire avec statuette de négrillon en vieux Saxe.

633 — Deux statuettes d'enfants satyres.
634 — Statuette de fleuve. Socle en bronze doré.
635 — Petit groupe, deux figures : Nymphe et satyre.
636 — Groupe : Berger assis sur un tronc d'arbre.
637 — Figurine d'enfant dansant.
638 — Petit groupe : Arlequin taquinant un chat.

## Oiseaux et Animaux

639 — Deux groupes composés chacun d'un oiseau perché.
640 — Pie sur tronc d'arbre.
641 — Geai perché sur un tronc d'arbre.
642 — Perroquet perché sur un tronc d'arbre.
643 — Deux nids de canaris.
644 — Geais sur terrasse blanche.
645 — Pintade debout.
646 — Bouvreuil sur tronc d'arbre.
647 — Pivert perché sur un tronc de chêne.
648 — Deux oiseaux décorés au naturel.
649 — Tigre debout et décoré au naturel.
650 — Deux chevaux sur socles en bronze.
651 — Petit mouton en vieux Saxe.

## Pendule, vases et pièces de service

652 — Petite pendule Louis XV, ornée d'une pintade en porcelaine de Saxe, sur socle rocaille.
653 — Deux cornets à fond rose à sujets chinois.
654 — Seau décoré de quatre groupes.
655 — Seau à deux anses formées de branchages.
656 — Veilleuse avec pieds et anses formés de branchages.
657 — Brûle-parfums formé d'un socle rocaille.

658 — Vase à fleurs, pot-pourri.
659 — Vase pot-pourri.
660 — Deux paniers ovales.
661 — Petit vase balustre.
662 — Petit hanap décoré de bouquets de fleurs.
663 — Pot à eau à ornements rocaille.
664 — Support à trois pieds, composé d'ornements rocaille.
665 — Cadran de pendule,
666 — Fusée d'épée à ornements rocaille.
667 — Grand sucrier à couvercle.
668 — Réchaud triangulaire.
669 — Pot à crème à anse et pieds.
670 — Tasse à anse, avec soucoupe, à fond bleu.
671 — Tasse, fond gros bleu. Marque à l'étoile.
672 — Tasse décorée d'insectes et de papillons.
673 — Plateau forme feuille.
674 — Cinq assiettes décorées de jetées de fleurs.
675 — Sucrier avec couvercle.
676 — Tasse haute, sans anse, décorée d'insectes.
677 — Pot à crème gaufré.
678 — Coupe ronde à ornements gaufrés.
679 — Flacon à thé à ornements gaufrés.
680 — Flacon à thé, forme de balustre.
681 — Plateau reposant sur quatre pieds cintrés.

## PORCELAINES ÉTRANGÈRES DIVERSES

682 — Grande buire en porcelaine de Berlin.
683 — Écuelle ronde, en porcelaine de Vienne.
684 — Tasse et soucoupe, en porcelaine de Vienne.
685 — Deux veilleuses en porcelaine de Furstenberg.
686 — Sucrier en porcelaine de Copenhague.

687 — Deux plateaux en porcelaine de Worcester.

688 — Sphinx femelle couché, en porcelaine blanche italienne (?).

689 — Bout de table en porcelaine italienne.

## PORCELAINES FRANÇAISES DIVERSES

50 — 690 — Vase en porcelaine blanche de Locré, garni d'une monture Louis XVI, en bronze.

691 — Sucrier à couvercle surmonté d'un fruit, en ancienne porcelaine de Locré.

245 — 692 — Plaque en porcelaine de Locré. Elle est montée dans un cercle de cuivre.

270 — 693 — Deux vases Louis XVI, en porcelaine dure.

## PORCELAINES DE CHINE montées

694 — Vase balustre, en céladon fleuri, monture en bronze ciselé et doré.

695 — Deux vases balustres en céladon fleuri, montés à trois branches en bronze doré.

696 — Vase balustre, en céladon, garni d'une monture en bronze ciselé et doré.

697 — Deux cassolettes en céladon bleu turquoise, garnis de montures Louis XVI en bronze doré.

698 — Petit vase balustre, en porcelaine craquelée, monture rocaille en cuivre ciselé et doré.

699 — Vase brûle-parfums en céladon, garni d'une monture en bronze doré.

700 — Brûle-parfums en porcelaine craquelée gris, monture et trois pieds rocaille en bronze doré.

701 — Coupe ronde en céladon bleu turquoise, monture en bronze ciselé et doré.

702 — Pot ovoïde en céladon bleu turquoise, monture style Louis XVI en bronze doré.

703 — Deux vases balustres en céladon bleu turquoise, montures à anses en bronze ciselé et doré.

704 — Vase balustre, en céladon bleu turquoise, monture en bronze doré.

705 — Coupe en céladon bleu turquoise sur pied bas en bronze.

706 — Groupe de deux poussahs assis, sur socle rocaille en bronze doré.

707 — Sucrier en ancienne porcelaine de Chine, monture en cuivre doré. Époque Louis XIV.

708 — Deux cache-pots famille verte, montures du temps de Louis XV.

709 — Deux potiches montés sur des socles rocaille en bronze ciselé et doré.

710 — Deux vases, socles en bronze doré.

711 — Deux cornets sur pieds en bronze doré.

712 — Pot ovoïde famille rose, socle en bronze.

713 — Pot à décor bleu, monture en bronze doré.

714 — Flacon marqué bleu à la feuille.

715 — Vase en porcelaine de Chine, monture en bronze.

716 — Deux gourdes accolées. (Kien-Long.)

717 — Flacon garni d'une monture en argent.

718 — Jardinière ovoïde, à fond bleu fouetté, monture rocaille en bronze doré.

719 — Pot ovoïde de la famille rose, garni d'une gorge en cuivre doré.

720 — Deux coupes couvertes, de la famille verte, garnies de montures en bronze doré.

721 — Deux vases cylindriques, garnis de gorges en cuivre de l'époque Louis XIV.

722 — Vase carré en céladon bleu empois, monté en lampe de suspension.

723 — Vase balustre garni d'une monture Louis XVI, en bronze ciselé et doré.

724 — Deux pots cylindriques garnis d'une monture en bronze doré.

725 — Coupe hémisphérique, à décor dit à mandarins, monture en bronze doré.

## Famille verte.

726 — Vase ovoïde, à médaillons de fleurs.
727 — Vase balustre à côtes.
728 — Vase balustre surbaissé.
729 — Flacon-aspersoir garni en argent.
730 — Trois vases ovoïdes, à sujets familiers.
731 — Vase-rouleau à arbustes, fleurs et oiseaux.
732 — Deux vases cylindriques, fond bleu fouetté.
733 — Deux vases analogues.
734 — Deux vases ovoïdes.
735 — Vase ovoïde.
736 — Vase ovoïde en porcelaine de Chine.
737 — Buire forme de balustre.
738 — Petite potiche couverte d'un cailloutage vert.
739 — Petit vase balustre, fond jaune café au lait.
740 — Vase forme gourde en céladon vert d'eau.

## Famille rose.

741 — Vase balustre à couvercle, à fond rose.
742 — Cornet provenant de la même garniture.
743 — Vase balustre, décoré de vases de fleurs.
744 — Deux vases en forme de balustre.
745 — Vase balustre à côtes.

746 — Bassin rond avec orchestre de femmes.
747 — Sucrier à deux anses, avec assiette.
748 — Tasse à anse, avec soucoupe.

## Céladons.

749 — Deux vases placés dans un support en bois.
750 — Perroquet en céladon violet.
751 — Cuvette formée d'une fleur de nénuphar.
752 — Cornet en céladon vert d'eau.
753 — Chimère assise, en céladon bleu turquoise.
754 — Flacon à eau : figurine d'enfant chinois.
755 — Deux vases balustres, en céladon bleu empois.
756 — Coquille sur trois pieds bas.
757 — Porte-fleur-applique en forme de courge.

## Décors variés.

758 — Vase ovoïde décoré de sujets familiers.
759 — Deux vases couverts de scènes familières.
760 — Vase ovoïde, en porcelaine mince.
761 — Tasse et soucoupe en porcelaine mince.
762 — Tasse et soucoupe en porcelaine mince.
763 — Deux porte-allumettes quadrangulaires.
3650 764 — Potiche ovoïde, décorée de fleurs polychromes sur fond noir, socle en bois doré.
765 — Deux vases pot-pourri portant les armes de Mme de Pompadour.
766 — Petit vase émaillé vert émeraude.
767 — Vase balustre émaillé rouge sang de bœuf.
768 — Deux vases surmontés d'une boule.
769 — Deux vases émaillés vert sur fond rouge.
770 — Vase à eau, monté en cuivre.
771 — Deux plateaux fond noir.

772 — Vase décoré de jeux d'enfants, famille rose.
773 — Deux vases branches de vigne et écureuils.
774 — Jardinière décorée en camaïeu rouge.
775 — Théière formée d'un singe.
776 — Coupe à eau ornée d'une fleur de nélumbo.
777 — Chien de Fô moucheté d'émail vert.
778 — Chinoise couchée, vêtue.
779 — Tasse en porcelaine mince, avec médaillons.
780 — Vase en forme de carafe.
781 — Vase balustre en craquelé gris.
782 — Vase carré émaillé bleu uni.
783 — Gourde en porcelaine de Corée.
784 — Petit vase fond bleu soufflé.
785 — Crachoir hémisphérique à décor bleu.
786 — Tasse à contours, famille verte.
787 — Coupe ronde à décor de fleurs arabesques.
788 — Flacon-aspersoir émaillé rouge brique.
789 — Vase balustre émaillé noir uni.
790 — Petite coupe à fond vert, monture en argent doré.
791 — Tasse-présentoir, fond gris bleuté.
792 — Potiche et cornet, émaillés brun rosé uni.
793 — Chien assis décoré au naturel.
794 — Cornet décoré de fleurs et d'oiseaux.
795 — Vase balustre à côtes en spirale.
796 — Cornet décoré de figures de femme.
797 — Deux coupes en ancien blanc de Chine.
798 — Deux jardinières en terre brune de Boccaro.
799 — Vase en forme d'amphore en grès de Chine.

## STATUETTES ET ANIMAUX

800 — Cheval formant brûle-parfums.
801 — Statuette de personnage debout.

802 — Deux figurines de femmes assises.
803 — Deux figurines de personnages barbus.
804 — Deux perroquets debout.
805 — Deux théières formées chacune d'une poule.
806 — Canard debout sur une feuille de lotus.
807 — Deux oiseaux debout sur rochers.
808 — Deux daubières formées chacune d'un canard.
809 — Chien de Fô, assis, en grès.

## PORCELAINES ET POTERIES DU JAPON
## montées et non montées

810 — Trois potiches couvertes, décor en bleu, rouge, vert, noir et or, sur pieds rocaille en bronze doré.
811 — Deux potiches en bleu, rouge et or, socles rocaille en bronze doré.
812 — Sucrier à décor en bleu, rouge, vert et or, monture Louis XIV, en argent gravé.
813 — Petit pot à couvercle à décor en bleu, rouge et or, garni d'une monture en argent.
814 — Deux porte-allumettes à décor en bleu, vert et or jaunâtre, montures en bronze doré.
815 — Sucrier à décor en bleu, rouge et or.
816 — Petite potiche, fond noir
817 — Deux flacons carrés en truité du Japon.
818 — Flacon en truité du Japon.
819 — Bol en ancien truité du Japon.
820 — Quatre assiettes, à décor en bleu, rouge et or.
821 — Petit bol à décor en bleu, rouge et or.

## LAQUES

822 — Coffret en laque du Japon, à fond noir, monture en argent repoussé du temps de Louis XV.

823 — Coffret à fond noir.
824 — Boîte en forme de fruit.
825 — Vase ovoïde en laque aventuriné du Japon.
826 — Petite coupe sur piédestal en laque rouge.
827 — Deux écrans accolés, en laque d'or du Japon.
828 — Boîte en forme d'éventail en laque du Japon.
829 — Deux boîtes formées chacune d'un fruit, sur deux feuilles en laque d'or du Japon.
830 — Pitong en ancien laque usé, du Japon.

## OBJETS VARIÉS DE L'ORIENT

831 — Vase balustre en émail cloisonné de la Chine.
832 — Coupe en ancien émail cloisonné de la Chine.
833 — Trousse chinoise dans une gaine en émail cloisonné.
834 — Couteau et gaine en verre aventuriné de Venise. Travail chinois.
835 — Deux vases en bois laqué. Travail persan.
836 — Bassin en cuivre émaillé de la Chine.
837 — Brûle-parfums en bronze taché d'or. Ancien travail chinois.
838 — Vase balustre. Ancien bronze chinois.
839 — Tasse et soucoupe en bronze doré du Tonkin.
840 — Boîtier de montre en bronze du Japon.
841 — Ivoire. Coupe ronde. Travail chinois.
842 — Ivoire. Bas-relief. La fuite en Égypte.
843 — Corne. Coupe à sacrifices. Travail chinois.
844 — Bassin en cuivre jaune. Travail persan.

## BRONZES D'ART

845 — Femme assise, grandeur petite nature. Bronze italien du XVIe siècle.

846 — Groupe. Pieta, d'après Michel-Ange. Bronze fondu à cire perdue. XVIe siècle.

847 — Sonnette en bronze. Italie, XVIe siècle.

848 — Flambeau formé de trois cariatides de sphinx ailés. Bronze florentin, XVIe siècle.

849 — Coupe hémisphérique en bronze.

850 — Bustes de Henri IV et de Marie de Médicis.

851 — Deux socles en bronze. Italie, XVIIe siècle.

852 — Groupe en cuivre doré du temps de Louis XIII.

853 — Groupe équestre de Louis XIV, bronze vert.

854 — Groupe Louis XV, composé de deux figurines d'enfants chinois en bronze.

855 — Groupe en bronze du XVIIIe siècle, le Temps et l'Amour.

856 — Bas-relief en bronze verdâtre, fleuve couché.

## BRONZES D'AMEUBLEMENT

### Vases et Coupes

857 — Coupe en marbre noir, monture en bronze.

858 — Deux vases en albâtre oriental, montures Louis XVI, en bronze ciselé et doré.

859 — Deux vases Louis XVI, en marbre blanc, garnis de montures en bronze ciselé et doré.

860 — Coquille nautile avec pied et monture en bronze ciselé et doré. Époque Louis XV.

861 — Deux vases balustres, en porcelaine dure, montés en buire en bronze ciselé.

862 — Deux vases Louis XVI, en métal laqué rouge, garnis de montures en bronze ciselé et doré.

863 — Vase balustre en verre incolore taillé, monture en bronze ciselé et doré

864 — Deux vases Louis XVI, en verre bleu taillé, garnis de montures en bronze ciselé et doré.
865 — Support Louis XIV, en bronze doré.
866 — Seaux en cuivre. XVIIIe siècle.
867 — Cache-pot en tôle vernie vert, garni d'une monture Louis XIV en cuivre doré.

## Cartels et Pendules

868 — Cartel Louis XV, en bronze doré.
869 — Petit cartel Louis XV, en bronze ciselé doré.
870 — Pendule Louis XV, modèle rocaille.
871 — Pendule Louis XV, en bronze doré.
872 — Grande pendule Louis XVI, *La Liseuse*.
873 — Pendule Louis XVI, en bronze : le *Temps*.
874 — Pendule Louis XVI, en bronze et marbre.

## CANDÉLABRES

875 — Deux candélabres Louis XVI, composés chacun d'un vase en bronze verdâtre, monture en bronze doré.
876 — Deux candélabres Louis XVI, à sept branches en bronze doré.
877 — Deux candélabres Louis XVI, composés chacun d'une nymphe debout en bronze vert.
878 — Deux vases ovoïdes Louis XVI, en albâtre orientale, montures en bronze ciselé et doré, cinq branches porte-lumières en bronze doré.
879 — Deux femmes debout en bronze vert, pour tenir des branches porte-lumières.
880 — Deux candélabres de style Louis XVI, en bronze, à dix branches porte-lumières.
881 — Deux petits candélabres garnis d'une monture en bronze doré.

882 — Deux bouts de table Louis XVI, en bronze doré.

## GIRANDOLES — FLAMBEAUX

### Bras-appliques — Lustres — Chenets

883 — Deux girandoles Louis XIV, en bronze doré.
884 — Deux girandoles de style Louis XIV.
885 — Bougeoir Louis XIV, en cuivre.
886 — Deux bougeoirs analogues.
887 — Deux girandoles Louis XV, en bronze doré.
888 — Bouquet de girandole à trois lumières en bronze ciselé et doré, du temps de Louis XVI.
889 — Deux flambeaux Louis XV, en bronze ciselé.
890 — Deux flambeaux Louis XV, de *Caffieri*.
891 — Deux flambeaux Louis XVI.
892 — Deux flambeaux Louis XVI, à vases droits.
893 — Deux appliques Louis XVI, en bronze doré.
894 — Deux bras-appliques Louis XVI.
895 — Deux appliques Louis XVI, en bronze doré.
896 — Deux appliques Louis XVI, en bronze doré.
897 — Lustre, style Louis XIV, modèle Boulle.
898 — Lustre de style Louis XVI, à dix-huit lumières.
899 — Deux chenets Louis XIV, en bronze doré.
900 — Deux chenets Louis XV, en bronze doré.
901 — Deux chenets modèle rocaille en bronze.
902 — Deux chenets Louis XVI, en bronze doré : sphinx.
903 — Galerie de foyer Louis XVI, en bronze doré.
904 — Deux chenets Louis XVI, en bronze doré.
905 — Deux chenets de style Louis XVI, bronze doré.
906 — Pelle, pincettes et pinces en fer. Louis XVI.

## Presse-papiers — Microscope
## Cages et divers.

907 — Deux sphinx couchés, du temps de Louis XIV.

908 — Deux presse-papiers en bronze doré.

909 — Deux presse-papiers formés chacun d'un lévrier couché.

910 — Bénitier Louis XIV, en bronze ciselé et doré.

911 — Bas-relief en bronze : Baptême du Christ.

912 — Microscope à miroir, du temps de Louis XV, avec monture rocaille en bronze ciselé et doré.

913 — Deux cages avec moulures en cuivre doré uni.

914 — Monture à cage, Louis XVI, en bronze ciselé.

915 — Deux socles en marbre noir, montures Louis XVI, en bronze ciselé et doré.

916 — Garnitures de deux buires, du temps de Louis XVI, en bronze ciselé et doré.

917 — Deux entrées de serrures du temps de Louis XVI, bronze ciselé et doré au mat.

## MEUBLES DES XVIe ET XVIIe SIÈCLES

918 — Meuble Renaissance, en noyer sculpté.

919 — Meuble Renaissance, forme Ducerceau, en noyer.

920 — Stalle du XVIe siècle, en noyer et marqueterie.

921 — Bahut italien du XVIIe siècle, en bois sculpté.

922 — Meuble-cabinet en ébène. XVIe siècle.

923 — Table de style Renaissance, en bois incrusté de nacre et d'ivoire.

924 — CHÊNE. Deux appliques formant gaines.

925 — NOYER. Panneau en hauteur sculpté. XVIe siècle.

926 — Miroir octogone. XVIIe siècle.

927 — Miroir biseauté, Louis XIII, cadre en ébène.
928 — Miroir avec cadre large du temps de Louis XIII.

## CABINETS DU JAPON
## Et Contadores

929 — Cabinet à deux portes, en laque du Japon.
930 — Coffre oblong, en ancien laque burgauté sur fond noir, garnitures en cuivre gravé et doré.
931 — Cabinet fermant à deux portes, en laque noir.
932 — Cabinet semblable à celui qui précède.
933 — Meuble indien formant bureau à dos d'âne.
934 — Contadore portugais à deux corps.
935 — Contadore portugais en marqueterie.

## MEUBLES DU TEMPS DE LOUIS XIV

936 — Meuble à deux corps, du temps de Louis XIV.
937 — Gaine Louis XIV, plaquée d'écaille.
938 — Gaine de style Louis XIV, en bois noir incrusté de filets de cuivre.
939 — Coffre-fort du temps de Louis XIV.
940 — Miroir de toilette du temps de Louis XIV.
941 — Miroir de forme analogue, à biseaux.
942 — Miroir dans un cadre de velours ponceau.
943 — Encrier en marqueterie. Époque Louis XVI.

## MEUBLES DU TEMPS DE LOUIS XV

944 — Bureau de dame du temps de Louis XV, à dos d'âne.
945 — Régulateur Louis XV, en bois de rose.
946 — Encoignure Louis XV, en vernis de Martin.
947 — Commode Louis XV.

948 — Commode du temps de Louis XV, en marqueterie de bois, dessus de marbre griotte d'Italie.
949 — Table-bureau Louis XV, en bois de rose.
950 — Table Louis XV, en marqueterie de bois.
951 — Table Louis XV, en bois d'acajou.
952 — Table Louis XV, en marqueterie de bois.
953 — Table-bureau Louis XV, en marqueterie de bois.
954 — Pupitre de dame à dos d'âne, Louis XV.
955 — Grande pendule en bois peint, garnie d'ornements rocaille en bronze doré. Époque Louis XV.
956 — Meuble à deux corps, en marqueterie de bois.
957 — Bureau du temps de Louis XV.
958 — Table de nuit modèle rognon, Louis XV.
959 — Table de nuit Louis XV formant table à ouvrage.
960 — Table de nuit Louis XV, en bois laqué noir.
961 — Deux socles Louis XV, en marqueterie de cuivre.
962 — Écritoire en bois noir, garnie de trois coupes en cuivre argenté. Époque Louis XV.
963 — Encrier porte-bougies du temps de Louis XV, en bois de rose.

## MEUBLES DU TEMPS DE LOUIS XVI

964 — Commode du temps de Louis XVI, en acajou, garnie de bronzes dorés. Signé : *Morlan*.
965 — Meuble de style Louis XVI, en acajou.
966 — Meuble du temps de Louis XVI, demi-lune.
967 — Meuble Louis XVI, en marqueterie de bois.
968 — Bureau plat Louis XVI, en bois noir.
969 — Table-bureau en marqueterie de *David de Neuwied*. Époque Louis XVI.

970 — Table du temps de Louis XVI, en marqueterie de bois de couleurs.
971 — Table du temps de Louis XVI, en acajou.
972 — Table à ouvrage Louis XVI, en marqueterie.
973 — Table à ouvrage du temps de Louis XVI, garnie d'ornements en bronze doré.
974 — Table de nuit ovale, en bois de rose. Louis XVI.
975 — Guéridon du temps de Louis XVI.
976 — Encoignure de suspension, en marqueterie de bois. Époque Louis XVI.
977 — Pendule du temps de Louis XVI, avec mouvement de *Julien Leroy*.
978 — Vitrine en bois noir.
979 — Vitrine à quatre faces, monture en bois noir.

## MEUBLES EN BOIS DORÉ
### Du temps de Louis XIV

980 — Glace Louis XIV, cadre en bois sculpté.
981 — Glace du temps de Louis XIV, analogue.
982 — Glace avec cadre Louis XIV, en bois sculpté et doré.
983 — Cadre du temps de Louis XIII, en bois sculpté.
984 — Deux cadres de même époque, en bois sculpté.
985 — Cadre de Christ Louis XIII, en bois noir.
986 — Baromètre de *Radignet et fils*.
987 — Cadre en bois sculpté et doré, Louis XIV.
988 — Deux cadres Louis XIV, en bois sculpté et doré.
989 — Cadre analogue, mais plus petit.
990 — Cadre Louis XIV, en bois sculpté et doré.
991 — Cadre en bois sculpté et doré.
992 — Cage d'horloge Louis XIV, en bois sculpté.
993 — Cadre Régence, en bois sculpté et doré.

## MEUBLES EN BOIS DORÉ

### Du temps de Louis XV

994 — Petit modèle de carrosse de Louis XV.
995 — Petit modèle de table. Travail français.
996 — Console Louis XV, en bois sculpté et doré.
997 — Console analogue, mais plus grande.
998 — Petite console, modèle rocaille
999 — Vase-applique avec couvercle en bois sculpté.
1000 — Petit cadre Louis XV, en bois sculpté.
1001 — Petit écran formant bureau, en bois sculpté.
1002 — Deux petites consoles en bois sculpté et doré.
1003 — Petite console-applique, en bois sculpté.
1004 — Plateau rond, en bois sculpté, peint et doré.
1005 — Petite vitrine en bois doré, de style Louis XV.

## MEUBLES EN BOIS DORÉ

### Du temps de Louis XVI

1006 — Cartel-thermomètre, du temps de Louis XVI.
1007 — Piédestal cintré Louis XVI, en noyer sculpté.
1008 — Cadre Louis XVI, en noyer sculpté.
1009 — Cadre Louis XVI, en bois sculpté et doré,
1010 — Deux sphinx assis, en bois sculpté et doré.

## SIÈGES

1011 — Fauteuil Louis XIII, en bois sculpté, couvert de velours.
1012 — Chaise large, pieds en fer forgé. XVIIIe siècle.
1013 — Canapé Louis XIV, en bois sculpté et doré, couvert de velours de Gênes.
1014 — Deux chaises Louis XIV, en bois sculpté et doré.

1015 — Quatre bois de chaises dorés.
1016 — Quatre autres bois de chaises dorés.
1017 — Trois chaises Louis XIV, en bois sculpté, couvertes de tapisserie.
1018 — Trois chaises couvertes de velours.
1019 — Deux tabourets en noyer sculpté.
1020 — Deux tabourets Louis XIV, en bois sculpté.
1021 — Fauteuil à oreilles Louis XV, couvert en velours bleu.
1022 — Fauteuil analogue, mais plus grand.
1023 — Fauteuil en bois sculpté, couvert de tapisserie au point.
1024 — Tabouret Louis XV, en bois de placage.
1025 — Tabouret de pied Louis XV, en noyer, couvert de velours de Gênes.
1026 — Deux chaises du XVIIIe siècle en bois sculpté, couvertes de velours de Gênes.
1027 — Quatre chaises de même modèle, travail moderne, couvertes de satin.
1028 — Chaise voyeuse Louis XVI, à bois doré, couverte de gros de Tours.
1029 — Petit fauteuil-pliant, formant prie-Dieu, en bois sculpté, Louis XVI.
1030 — Chaise en bois doré, couverte de soie blanche.
1031 — Six chaises du temps de Louis XVI, en bois sculpté peint en noir.

## TAPISSERIES

### Tapis

1032 — Tapisserie de Flandres : l'Ascension.
1033 — Tapisserie des Gobelins, du temps de Louis XIV, Vertumne et Pomone.

1034 — Tapisserie verdure, oiseaux et animaux. Flandres, XVII^e^ siècle.
1035 — Deux tableaux en tapisserie. XVII^e^ siècle.
1036 — Deux coussins couverts de tapisseries.
1037 — Coussin couvert d'un panneau de tapisserie.
1038 — Grand tapis de la Savonnerie.

## ÉTOFFES

1039 — Tableau exécuté en soie de couleurs et or.
1040 — Figure équestre de Charles I^er^ d'Angleterre, brodé en soie.
1041 — Paravent à trois feuilles, en drap d'or.
1042 — Coupe de gros de Tours. En deux lés.
1043 — Petit tapis à fond jaune. Travail oriental.
1044 — Coupe d'étoffe ponceau à grecques et rosaces.
1045 — Carré d'étoffe de soie à fond vert. XVII^e^ siècle.
1046 — Lé d'étoffe analogue.
1047 — Partie de jupe composée de cinq lés soie.
1048 — Lé de satin ponceau.
1049 — Coupe de velours sur fond de satin jaune.
1050 — Feuille d'écran brodée, du temps de Louis XV.
1051 — Dessus de piano en étoffe de soie ponceau.
1052 — Coupe de velours bleu clair.
1053 — Quatre coupes d'étoffe de soie rouge.
1054 — Deux coupes d'étoffe de soie à fond jaune.
1055 — Quatre grands rideaux en satin brun, et lambrequins.

# ORDRE DES VACATIONS *

## Lundi 5 Avril

| | | | | |
|---|---|---|---|---|
| Émaux champlevés. . . . . . . . . . | Nos | 1 | et | 2 |
| Émaux de Limoges. . . . . . . . . . | — | 3 | à | 19 |
| Émaux vénitiens . . . . . . . . . . . | — | 20 | et | 21 |
| Faïences italiennes. . . . . . . . . . | — | 22 | à | 64 |
| Faïences hispano-mauresques. . . . . | — | 65 | à | 70 |
| Faïences de Perse . . . . . . . . . . | — | 71 | à | 88 |
| Faïences de Delft. . . . . . . . . . . | — | 89 | à | 97 |
| Faïences de Bernard Palissy . . . . . | — | 98 | à | 101 |
| Faïences françaises diverses . . . . . | — | 102 | à | 122 |
| Objets variés. . . . . . . . . . . . . | — | 250 | à | 256 |
| Livres à figures. . . . . . . . . . . . | — | 257 | et | 258 |

## Mardi 6 Avril

| | | | | |
|---|---|---|---|---|
| Verrerie de Venise . . . . . . . . . . | — | 123 | à | 157 |
| Verrerie allemande, de Bohème, etc . | — | 158 | à | 165 |
| Vitraux. . . . . . . . . . . . . . . . | — | 166 | à | 169 |
| Sculptures en ivoire . . . . . . . . . | — | 170 | à | 186 |
| Sculptures en bois . . . . . . . . . . | — | 187 | à | 196 |
| Sculptures diverses. . . . . . . . . . | — | 197 | à | 209 |
| Armes . . . . . . . . . . . . . . . . | — | 218 | à | 223 |
| Fer (Objets en). . . . . . . . . . . . | — | 224 | à | 233 |
| Cuivre (Objets en) . . . . . . . . . . | — | 234 | à | 247 |
| Etain (Objets en). . . . . . . . . . . | — | 248 | et | 249 |
| Coffrets. . . . . . . . . . . . . . . | — | 259 | à | 263 |
| Bronzes d'art. . . . . . . . . . . . . | — | 845 | à | 856 |
| Meubles des XVIe et XVIIe siècles. . . . | — | 918 | à | 928 |

## Mercredi 7 Avril

| | | | | |
|---|---|---|---|---|
| Antiquités . . . . . . . . . . . . . . | — | 272 | à | 277 |
| Médailles. . . . . . . . . . . . . . . | — | 278 | à | 283 |
| Camées. . . . . . . . . . . . . . . . | — | 284 | à | 296 |
| Bijoux . . . . . . . . . . . . . . . . | — | 297 | à | 369 |
| Montres . . . . . . . . . . . . . . . | — | 370 | à | 380 |

* N. B. — *L'ordre numérique ne sera pas suivi.*

**Jeudi 8 Avril**

| | | |
|---|---|---|
| Matières précieuses. . . . . . . . . . | Nos | 381 à 408 |
| Tabatières et bonbonnières. . . . . . | — | 409 à 428 |
| Miniatures et émaux . . . . . . . . . | — | 429 à 442 |
| Tableaux. . . . . . . . . . . . . . . | — | 443 à 460 |
| Orfèvrerie d'or . . . . . . . . . . . | — | 461 |
| Orfèvrerie des XVIe et XVIIe siècles. . . | — | 462 à 467 |
| Orfèvrerie des époques Louis XV, Louis XVI et autres . . . . . . . . | — | 468 à 503 |
| Cuivre argenté . . . . . . . . . . . . | — | 504 à 512 |

**Vendredi 9 Avril**

| | | |
|---|---|---|
| Porcelaines de Sèvres, pâte tendre (vases et divers) . . . . . . . . . . . . . | — | 513 à 528 |
| Porcelaines de Sèvres, pâte tendre (plateaux, écuelles et pièces de service) . . . . . . . . . . . . . . | — | 529 à 546 |
| Porcelaines de Sèvres, pâte tendre (tasses). . . . . . . . . . . . . . . . | — | 547 à 583 |
| Porcelaines de Sèvres, pâte dure . . . | — | 584 à 593 |
| Biscuits de Sèvres. . . . . . . . . . . | — | 594 à 598 |
| Porcelaines tendres de Chantilly . . . | — | 599 à 610 |
| Porcelaines tendres diverses.. . . . . | — | 611 à 626 |
| Porcelaines étrangères diverses. . . . | — | 682 à 689 |
| Porcelaines françaises diverses . . . . | — | 690 à 693 |
| Porcelaines de Chine (famille verte). . | — | 726 à 740 |
| Porcelaines de Chine (famille rose). . | — | 741 à 748 |

**Samedi 10 Avril**

| | | |
|---|---|---|
| Coffrets. . . . . . . . . . . . . . . . | — | 264 à 271 |
| Porcelaines de Saxe (groupes et statuettes) . . . . . . . . . . . . . . | — | 627 à 638 |
| Porcelaines de Saxe (oiseaux et animaux) . . . . . . . . . . . . . . . | — | 639 à 651 |
| Porcelaines de Saxe (pendule, vases et pièces de service). . . . . . . . . | — | 652 à 681 |

| | | |
|---|---|---|
| Porcelaines de Chine (statuettes et animaux) . . . . . . . . . . . . . . | Nos | 800 à 809 |
| Porcelaines et poteries du Japon . . . | — | 810 à 821 |
| Laques . . . . . . . . . . . . . . . . | — | 822 à 830 |
| Objets variés de l'Orient . . . . . . . | — | 831 à 844 |
| Bronzes d'ameublement (vases et coupes) . . . . . . . . . . . . . . . | — | 857 à 867 |
| Bronzes d'ameublement (presse-papiers, microscope, cages et divers) . . . . | — | 907 à 917 |
| Cabinets du Japon et contadores . . . | — | 929 à 935 |
| Sièges. . . . . . . . . . . . . . . . | — | 1011 à 1031 |

**Lundi 12 Avril**

| | | |
|---|---|---|
| Porcelaines de Chine (montées). . . . | — | 694 à 725 |
| Porcelaines de Chine (céladons). . . . | — | 749 à 799 |
| Bronzes d'ameublement (cartels et pendules). . . . . . . . . . . . . | — | 868 à 874 |
| Bronzes d'ameublement (candélabres). | — | 875 à 882 |
| Bronzes d'ameublement (girandoles, flambeaux, bras-appliques, lustres, chenets) . . . . . . . . . . . . . . | — | 883 à 906 |

**Mardi 13 Avril**

| | | |
|---|---|---|
| Porphyres, granits, etc. . . . . . . . | — | 210 à 217 |
| Meubles du temps de Louis XIV . . . | — | 936 à 943 |
| Meubles du temps de Louis XV . . . | — | 944 à 963 |
| Meubles du temps de Louis XVI. . . . | — | 964 à 979 |
| Meubles en bois doré (des époques Louis XIII et Louis XIV) . . . . . . | — | 980 à 993 |
| Meubles en bois doré (du temps de Louis XV) . . . . . . . . . . . . . | — | 994 à 1005 |
| Meubles en bois doré (du temps de Louis XVI) . . . . . . . . . . . . | — | 1006 à 1010 |
| Tapisseries et tapis . . . . . . . . . | — | 1032 à 1038 |
| Étoffes . . . . . . . . . . . . . . . | — | 1039 à 1055 |

www.ingramcontent.com/pod-product-compliance
Lightning Source LLC
LaVergne TN
LVHW010004230826
846092LV00002B/649

* 9 7 8 2 3 2 9 5 3 1 4 1 0 *